나의 커리어 다이어리

변화의 시작: 나를 바꾸는
작은 것들의 힘

+

프롤로그

사회생활을 시작하고 인생에서 나이가 들수록 나를 이끌어 줄 스승 같은 존재를 만나고 싶었다. 내가 고민하고 방황하지 않고도 '업무에, 직장 생활에, 인간으로서의 성장에' 조언을 해 주고, 길을 알려 줄 사람 말이다.

하지만 그런 사람들은 아주 적었고, 있다 해도 가르침을 받기엔 나의 태도와 감정이 그런 소중한 사람들의 접근을 용납하기에 어려웠을 것이다. 수많은 생각과 콤플렉스, 자기 확신과 비하, 편협한 마인드와 쉽게 거리를 허용하지 않는 커뮤니케이션 등.

그렇기에 이런 나를 이끌어 줄 누군가를 아주 오랫동안 기대했던 것 같다.

'성공(成功)'에 대해서도 마찬가지였다. 내 일과 삶 모두에서의 성공을 바라지만, 오랫동안 막연한 무언가를 꿈꾸기만 해 왔다. 내가 바라는 성공이 어떤 것인가에 대한 구체적인 정의도 없었고 주변에서 말하는 대로 경제적인 부(富)라든지 남들보다 우위에 있는 물질적, 정서적 충족을 원해 왔던 것 같다.

하지만 20여 년 동안의 사회생활과 헤드헌터로서 업무를 수행하면서 '성공'이라는 것과 '그것에 도달하는 길'에 대해 조금은 알고, 말할 수 있는 경험과 지식을 얻게 되었다. 그리고 내가 필요로 했던 스승들의 가르침이 이미 여러 경로를 통해 나에게 닿아 있다는 것을 알게 되었다.

내가 알리고자 하는 내용이 좋은 인생을 살거나 대단한 커리어를 쌓는 데 가장 바람직한 길을 제시한다고는 감히 생각하지 않는다. 그리고 이미 자기 삶에 확고한 중심축을 세우고 스스로 행하고 있는 분들께는 큰 의미가 없을 수도 있다. 이 책의 주요 내용은 일과 생활에서 부족함을 느끼고, 자신을 변화시키고자 하는 이들에게 맞추어져 있기 때문이다.

이 책은 현재 상황과 사회생활에서 부족함을 느끼고, 변화가 필요한 사람들을 위한 것이다.

지금 이 순간에도 직장과 업무에서 여러 가지 문제로 힘들어하거나, 명확하지 않은 인생의 진로로 인해 고민하는 사람들이 있을 것이다. 만약 그렇다면 여기에 있는 글들과 매일 간단히 할 수 있는 다이어리 작성을 통해, 본인이 원하는 삶을 위한 변화에의 도움을 얻을 수 있을 것이라 확신한다.

나와 여러분 모두, 하고자 하면 반드시 이룰 수 있음을 믿는다.

차례

+프롤로그

+ 에필로그

　　　　감사의 말 Thanks to

1.

커리어 다이어리의
작성 목적

1 변화는 어렵다

인간은 쉽게 바뀌지 않는다. 그리고 내가 쌓아 온 인생에는 나름의 관성과 각각의 사연들이 얽혀 있어 새로운 내가 되는 것을 방해하는 경향이 있다.

실패의 경험뿐만 아니라 성공의 경험과 기억도 변화의 장벽이 될 수 있다.

그렇기에 다음과 같은 요소를 정리하고 각인하는 활동이 필요하다.

❶ 나는 왜 변화하고자 하는가?

❷ 어떤 모습이 되고 싶은가?

❸ 변화를 위해 어떤 행동을 할 것인가?

❹ 그것을 확인하고 지속해 나갈 방법이 있는가?

❺ 변화를 통해 내가 꿈꾸는 모습이 되기를 진정으로 소망하는가?
   (순간순간의 두려움과 불안함을 이겨낼 수 있는가?)

위에서 언급한 변화를 위한, 활동을 수행하기 위한 가장 단순하고 간단한 방법 중 하나는 일상생활에서 사용하는 다이어리를 활용하는 것이다.

다이어리를 작성할 때 나의 하루와 일상이 변화할 수 있도록 중요한 요인에 대한 원칙과 기준을 수립하면 된다.

실제로 다이어리를 작성하기에 앞서, 이제부터는 내가 변화하려는 이유와 되고자 하는 모습을 파악하고 이를 행동에 옮길 수 있도록 마음을 단단히 먹자. 그 이후 실질적으로 다이어리 쓰는 법에 대해 익히도록 할 것이다(아주 쉽다. 누구나 할 수 있다. 나도, 당신도!).

"동물은 태어나면, 태어난 대로 살아야만 한다.

사자로 태어나면 평생 사자로,

생쥐로 태어나면 평생 생쥐로 살아가야 한다.

하지만 사람은 변할 수 있다.

마음먹기에 따라 사자가 될 수도,

생쥐가 될 수도 있다.

변화는 힘들지만, 사람은 변할 수 있다!"

2.

현재의

나는 어떤 모습이며,

어디에 와 있는가?

변화를 위한 무언가를 시도하기에 앞서 나는 현재 어떤 모습인지, 어디에 서 있는지 알아야 한다.

자신을 아는 것, 어쩌면 너무 당연할 수도 있고 이미 잘 알고 있을 수도 있다.

하지만 정말로 그러한가? 나는 나 자신을 잘 알고 있는가? 나의 성격, 내가 진정으로 바라는 것, 내가 좋아하는 것과 싫어하는 것, 타인과의 커뮤니케이션, 나와 시간과 공간을 함께하는 가족들, 동료들, 친구들이 생각하는 내 모습….

잘 알고 있는 것 같지만, 한 번쯤 깊이 생각해 보면 아리송하고 모호한 것들도 많을 것이다.

성공과 변화를 추구하기에 앞서 나는 어떤 사람인지 나라는 존재에 대한 깊이 있는 생각과 자신과의 대화를 선행해야 한다. 이를 위해 '나와의 대화'를 위한 시간을 마련하자.

주말이든 퇴근 후 커피나 맥주 한잔하는 시간이든 언제라도 좋다. 오롯이 생각에 집중할 수 있고, 마음의 목소리를 들을 수 있는 시간과 장소를 선택하면 된다.

그러한 시간을 마련했다면 이제 스스로와 대화해 보자.

- 나는 지금 어떤 사람인가?

- 내 직업은 무엇이고, 나는 어떤 일을 하고 있고, 어떤 사람들과 관계 맺고 있는가?

- 지금의 삶에 만족하는가? 만족하거나 그렇지 않다면 그 이유는 무엇인가?

- 지금의 내 모습에 변화나 개선이 필요한가? 그렇지 않다면 현재의 상태에서 깊이나 전문성이 보강되어야 하는가?

- 나의 성격은 어떠한가? 나는 내 성격을 좋아하는가? 변화가 필요하다면 어떤 점이 필요한가?

- 내 업무와 경제적 수입에 만족하는가? 내가 생각하는 나의 위상과 사회적 위치는 어떠한가?

- 업무에서, 조직 내에서, 커리어상에서 각각 내가 지향하고 있는 것은 무엇인가?

- 내가 바라는 삶은 구체적으로 무엇인가? 나는 무엇을 위해 노력하는가?

- 어떤 모습으로 나이가 들고 싶은가? 50대, 60대, 70대의 모습을 각각 적어 보자.

- 나를 두렵거나 불안하거나 우울하게 만드는 것들은 무엇인가?

- 내가 꿈꾸고 바라는 것들을 이룰 수 있다고 진심으로 믿고 있는가?

- 원하는 삶을 위해 나는 구체적으로 어떤 노력을 하고 있는가?

위에 있는 질문들에 대해 하나씩 진지하게 생각해 보자. 마음속으로 얘기해 봐도 좋고, 질문 하나하나 적어 가면서 답해도 좋다.

스스로에 대해 깊이 있게 생각해 보는 시간 자체가 우리에게 또다른 선물이 될 것이다.

나는 지금 어떤 사람인가?

지금 내 직업은 무엇이고, 나는 어떤 일을 하고 있고, 어떤 사람들과 관계 맺고 있는가?

지금의 삶에 만족하고 있는가? 만족하거나 그렇지 않다면
그 이유는 무엇인가?

지금의 내 모습에 변화나 개선이 필요한가? 그렇지 않다면
현재의 상태에서 깊이나 전문성이 보강되어야 하는가?

나의 성격은 어떠한가? 나는 내 성격을 좋아하는가? 변화가
필요하다면 어떤 점이 필요한가?

내 업무와 경제적 수입에 만족하는가? 내가 생각하는 나의
위상과 사회적 위치는 어떠한가?

업무에서, 조직 내에서, 커리어상에서 각각 내가 지향하고 있는 것은 무엇인가?

내가 바라는 삶은 구체적으로 무엇인가? 나는 무엇을 위해 노력하는가?

어떤 모습으로 나이가 들고 싶은가? 50대, 60대, 70대의 모습을 각각 적어 보자.

나를 두렵거나 불안하거나, 우울하게 만드는 것들은 무엇인가?

내가 꿈꾸고 바라는 것들을 이룰 수 있다고 진심으로 믿고
있는가?

원하는 삶을 위해 나는 구체적으로 어떤 노력을 하고 있는가?

그 밖에 나에 대해 생각나는 것들, 행복했거나 불행한 순간들,
나에게 하고 싶은 말들

* 이 책은 당신의 것이다. 어떤 내용이 담겨도 좋다.
  다만 자신에게 솔직해지자.
  시간을 들여서 나의 내면과 솔직하고 진지하게 이야기를 나누어 보자.

3.

내 삶과 커리어를 위한

변화와 발전의 발자국

1 삶(Life)은 마음가짐과 태도

삶이란, 인생이란 무엇일까?

나 역시 20대 후반까지는 이런 물음을 진지하게 생각해 본 적이 많지 않았다. 그러나 30대가 되면서부터 나의 행동과 선택, 결정, 책임, 주변 환경의 변화 등 여러 요소가 복합되어 밀려오기 시작했고 일과 생활에 있어 고민하고, 방황하고, 후회하는 순간들이 많아지는 것을 경험했다(젊은 시절에는 희귀한 경험이었던 편두통을 자주 느끼게 된 건 덤이라고 할 수 있을 것이다).

여러 가지 갈등과 고민이 생기고 사라지길(혹은 잊히길) 반복하면서 어느덧 나이가 들어감을 깨닫게 되었고, 나의 인생을 어떻게 살아야 하는지에 대한 물음이 생겨나기 시작했다.

내가 생각하는 삶은 거창한 것이 아니었음에도(남부럽지 않게 벌고, 가족들에게 베풀고, 내가 좋아하는 음식을 즐기고, 따뜻한 보금자리에 살고, 친구들과 가끔 술 한잔하고, 여행도 다니는 것) 인생의 함정들이 너무 자주 출몰하는 것 같았다. 그렇기에 도대체 삶이란 무엇이고 어떻게 살아야 그런 함정들을 피해 갈 수 있을지, 누군가 속 시원히 알려 준다면 좋겠다는 생각을 마음 한구석에 품고 있었다.

그러던 어느 날 '삶은 마음가짐과 태도'라는 글귀를 보게 되었다. 그 글을 보고 무언가 내 머리를 때리는 듯한 느낌을 받았다. 내가 막연하게 생각했던 삶에 대한 실체를 깨달은 느낌이었다. 그 이후부터 지금까지 삶은 결국 나 자신의 마음가짐과 태도라는 말에 전적으로 공감하고 있다.

자신을 온전히 책임져야 하는 성인이 되었다면 그 이후의 삶은 자신이 만들어 가야만 하는 것이고, 나의 마음가짐과 태도가 내 삶을 결정하는 것이다. 당연히 타인이나 외부 환경이 영향을 끼칠 수 있겠지만 선택과 결정, 그에 따라 행동하는 권리는 전적으로 나에게 있다.

그러므로 원하는 삶을 위해 나의 마음가짐과 태도를 결정하고 일관되게 행동해 보자. 내가 희망하는 모습이 되도록 노력해 보자. 어려운 일을 회피하고, 잘못에 대해 다른 사람 탓을 하는 모습으로 늙어가는 것이 내가 바라는 모습은 아니지 않은가? 외부를 바라보는 시선을 나에게 돌려 나의 삶을 살자. 내 마음과 태도는 온전히 나의 것이며 그것이 내 삶이다.

2 공로(功勞)는 발에 있다

"공(功)은 발에 있다." 일본 전국시대 명장으로 추앙받는 우에스기 겐신이라는 사람이 한 말이다. 이 말의 뜻을 곰곰이 생각해 볼 필요가 있다.

우리는 누구나 머리로 계획을 세우고 여러 가지를 판단하여 움직인다. 그러나 생각에만 너무 몰두한 나머지 타이밍을 놓치거나 실수를 저지르는 경우도 흔하다. 특히 업무를 수행하는 중에는 "조금만 있다 해야지."라고 미뤄 놓거나 힘든 일은 최대한 늦추고 부담과 책임을 덜어내기 위해 애쓰기도 한다.

그러나 우리의 마음가짐과 태도, 습관이 일에도 그대로 투영된다는 관점에서 볼 때, 해야 할 일들과 하고자 하는 일들을 미루는 것은 결코 좋은 선택이 아니다.

얻고자 하는 목표가 있을 때 우리는 움직이고 행동해야만 한다. 그것이 아주 작은 것이라도 마찬가지이다. 결과를 만들어 내는 것은 가만히 있는 머리가 아니라 움직이는 손과 발이다.

더 나은 삶, 더 나은 내가 되기 위한 변화를 만들기 위해서는 움직여야만 한다. 움직이고 행동하며 얻은 피드백을 통해 또 다른 움직임을 만드는 순환의 과정을 통해 변화가 이루어진다. 업무도 마찬가지이다. 회사에서 어제와 다른 모습이 되기 위해서는 어제까지 했던 것과는 다른 행동을 해야만 한다.

알베르트 아인슈타인은 이렇게 말했다. "어제와 똑같이 살면서 다른 미래를 기대하는 건 정신병 초기 증세다."

매일매일의 일상 속에서 '행동하는 것'과 '하지 않는 것' 중 하나만을 선택해야 한다면, 행동하는 쪽을 선택하자.

"내가 실수하지는 않을까, 다른 사람들은 나를 어떻게 볼까, 나를 너무 힘들게 하는 건 아닐까?" 등의 두려움을 떨쳐 내고, 움직이고, 행동해 보자.

용기는 두려움을 느끼지 않는 것이 아니라 두려움을 이겨 내고 한발 앞으로 나아가는 것이다. 그리고 변화는 용기를 내어 스스로 행동하는 사람에게 찾아오는 선물이다.

다만, 본인의 성격이 너무 급하거나 생각보다 행동이 훨씬 앞서는 행동파라면, 충분한 시간을 갖고 깊이 있게 여러 가지 면들을 생각한 후에 행동하길 바란다.

3 잠재의식을 활용하자

주식·부동산 등의 투자 용어 중에 'LEVERAGE(지렛대) 효과'라는 것이 있다. 본인이 움직일 수 있는 자본만으로 기대할 수 있는 수익이 너무 적거나 구매 활동이 어려울 때, 대출금 등의 차입자본을 활용하여 기대수익을 높이고 자산을 증식하는 방법이다. 혼자만의 힘으로 움직이기 어려운 물량을 지렛대를 활용해 쉽게 움직이도록 하는 것과 같다고 하여 붙여진 명칭이다.

변화를 위한 노력에도 이러한 레버리지 효과를 활용할 수 있다. 바로 우리의 '잠재의식'을 활용하는 것이다. 잠재의식은 잠을 자거나, 휴식을 취하거나, 업무를 수행하는 어떠한 시간에도 우리의 마음가짐과 태도를 원하는 방향으로 향하도록 돕는 방향타가 되어 준다. 또한, 두려움과 어려움을 느끼는 일에 맞닥뜨릴 때 그 일을 행해야 하는 근원적인 목표와 이유를 상기시켜 용감하게 나아갈 수 있도록 해 준다.

그럼, 잠재의식을 활용하려면 어떻게 하는 것이 좋을까? 잠재의식의 효과와 그것을 활용하는 방법을 다룬 책들은 아주 많이 있다. 그 깊이와 전문성이 풍부한 책들이다. 그러나 여기서는 내가 실제로 활용하고 있고, 효과를 체감할 수 있는 아주 쉽고 단순한 방법만을 소개하도록 하겠다(필자 역시 매우 단순한 사람이기에 나에게 적합한 방법을 적용하고 있다).

1) 내가 원하는 삶에 대한 구체적인 모습을 3~4문장으로 만들어서 소리 내어 말한다.

이때 중요한 것은, 내가 말하는 것을 내 귀로 들을 수 있도록 하는 것이다.

2) 아침과 저녁, 두 번을 말한다.

혼자 있는 시간에 크게 소리 내어 말해도 이상하지 않을 곳이라면 어디든 좋다.

내 경험상 아침에는 일어나서 세수하기 전이나, 출근 시간에 걸어갈 때(자가운전이라면 차 안에서) 등이 외부의 시선을 의식하거나 신경 쓸 일이 없어서 편했다. 저녁에는 퇴근길을 걸어갈 때나(자가운전이라면 차 안에서), 집에 돌아와 샤워할 때 등이 말하기 좋았다. 집에 가족만 함께 있을 뿐이라 해도 어쩐지 쑥스럽고 신경 쓰일 수도 있으니 말이다.

3) 위에 있는 1번과 2번을 매일 반복한다. 이것으로 끝이다!

잠재의식 활용 방법의 첫 번째에 언급한 '원하는 삶에 대한 모습을 구체적인 문장으로 만드는 것'이 조금 어렵다고 느낄 수도 있다. 그런 분들을 위해 현재 내가 말하고 있는 문장들을 예시로 소개하도록 하겠다(조금 유치하고 조잡하더라도 너무 웃지는 말아 줬으면 한다).

내가 잠재의식을 활용하기 위해 매일 말하는 문장은 다음과 같다 (예시).

- 나는 사랑과 존경을 받는 최고의 헤드헌터가 된다.
  그리고 그러한 사람들을 곁에 두고, 함께 일하고 격려할 것이다.

- 나는 2027년 1월 1일 전까지 50억 원 이상을 번다.

- 나는 꼭 부자가 되어 가족, 내 주위의 좋은 사람들과 함께 행복한 삶을 살 것이며, 리세스 오블리주(Richesse Oblige)를 실천할 것이다.

- 나에게는 천금보다 귀한 사고(思考, Thinking)를 조절할 수 있는 능력이 있다.

위에서 예시로 언급한 문장을 나는 하루 두 번씩 매일 말하고(듣고) 있다. 그리고 요즘에는 불안한 마음이 들거나, 마음이 약해질 때, 확신이 없는 느낌이 들 때, 자면서 좋지 않은 꿈을 꿀 때도 마음속으로 저 문장을 말한다. 재미있는 사실은 매일 반복하는 행동을 하다 보니, 안 좋은 꿈을 꿀 때도 저 문장을 마음속으로 말할 수 있게 되었다는 것이다. 이러한 변화는 순간순간 일어나는 부정적인 마음을 없애 주고, 마음속 깊은 곳의 두려움을 희석하여, 나라는 존재를 긍정하고 힘을 내게 해 준다. 현실과 맞설 힘을 더해 주는 것이다.

잠재의식을 활용하는 방법은 어렵지 않다. 단순하고 어리석은 저자인 내게도 효과가 있다면 분명 당신은 나보다 더한 효과를 얻게 될 것이다. 속는 셈 치고 우직하게 한번 실행해 볼 것을 진심으로 권한다.

> * 앞에서 소개한 방법을 활용해 충분한 성과를 얻고, 원하는 삶이 모습이 되었다면, 한 단계 더 상승하는 모습을 위한 문장으로 바꾸면 된다. 잠재의식은 우리가 숨을 쉬는 동안 계속해서 쓸 수 있다.

4 함께할 사람

함께할 사람을 만난다는 것은 어렵지만 아주 중요한 일이다. 이 책의 주제인 '내가 원하는 삶을 위한 변화를 위해 함께할 사람들' 이라면 특히 그렇다. 함께할 사람을 만나는 것의 핵심은 '선택'과 '관계 강화'에 있다.

우리는 어려서부터 '친구끼리 두루두루 친하게 지내라'는 말을 듣고 컸다. 가족들, 학창 시절에 같은 반이었던 아이들, 직장생활 이나 일을 통해 만난 사람들은 대부분 우리가 선택한 것이 아니라 환경적으로 이미 정해져 있는 경우가 많았다. 그런 사람 중에서 우리는 친구나 동료라고 부르는 사람들을 만나게 되었다. 하지만, 원하는 삶을 위해 변화가 필요한 시기가 되었다면 사람을 사귈 때 직접 신중하게 선택하고 좋은 관계를 강화해 나가야 한다.

어쩌면 '선택'이라는 단어가 누군가에게는 거부감이 들 수도 있다. 하지만 우리는 우리가 가까이하는 사람들에게서 사고와 행동에 영향을 받기에 어떤 사람들과 교감하고 우정을 나눌지 선택해야만 한다. 하늘을 날고 싶은 새가 되려는 자가 거북이나 개구리와 함께하기는 어렵다. 사자가 되기 위해서는 양 떼가 아닌 사자의 무리에서 그들의 행동 양식을 배워야 한다.

내가 생각하는 '이상형'에 꼭 일치하지 않더라도, 내가 바라는 삶의 모습으로 변화하는 데 '귀감과 도움'이 될 수 있는 사람들을 찾자. 그들은 롤 모델, 멘토, 친구, 동료, 형·언니·동생 등 여러 호칭으로 표현할 수 있을 것이다. 그런 사람들이 너무 많을 필요는 없다. 인생을 살아가며 깊고 유익한 대화를 나눌 수 있는 사람을 1년에 단 한 명만 찾더라도 아주 운이 좋다고 생각한다. 바로 그 한 사람을 통해 나의 가치관과 삶을 바라보는 눈이 확장되며, 또 다른 좋은 관계를 불러올 수 있다.

내가 함께하고 싶은 사람을 찾았다면 그 사람과 긍정적인 관계를 형성해 나가야 한다. 솔직한 자세로 사물과 문제를 바라보는 관점을 공유하고, 긍정적인 태도와 가치관을 나누고, 서로의 성공을 격려하고 응원하고, 필요할 때 유·무형의 도움을 주고받는 관계가 되어야 한다. 그러한 관계가 깊어질수록 인생의 길을 함께 걸어가는 '유대감과 우정'이란 형태의 감정 교환이 이루어지고 함께 나이가 들어갈수록 즐겁고 의미 있는 교류를 경험하게 될 것이다.

좋은 사람과의 우정은 돈을 많이 준다고 해서 살 수 있는 것이 아니다. 진실한 말과 행동으로 상대에게 다가서고, 필요할 때면 언제든 도움을 주겠다는 마음으로 다가간다면 진정으로 인생을 함께할 수 있는 사람들을 얻을 수 있을 것이다.

5 감사하기

감사(Thanks)는 무엇일까? 감사하는 것이 변화와 발전에 왜 필요한 것일까? 그리고 어떻게 감사를 하면 될까?

감사의 사전적 의미는 '고마움을 느끼는 마음이나 고마움을 표현하는 인사'이다. 고맙다는 마음을 전하는 것이 감사의 본질이다. 감사는 다른 사람이나 사물, 다양한 경험, 처해 있는 환경, 일상, 건강, 행복, 종교, 그리고 나 자신에게 할 수 있다. 감사의 대상은 '내가 감사하길 선택하는 모든 것'이다. 감사하기는 가치 있는 행위이며 돈이 들지 않고, 하고 싶을 때라면 언제든 할 수 있다.

1) 그럼 왜 감사를 하는 것이 중요하고 필요한 것일까?

이 부분에 대해서는 성경을 비롯한 아주 많은 책에서 다루고 있다. 여러분도 그와 관련된 격언이나 이유를 쉽게 떠올릴 수 있을 것이다. 그래도 다시 얘기하는 이유는 감사하는 마음과 행동이 나의 변화와 발전에 도움이 되기 때문이며, 간단하게 3가지만 알아주었으면 한다.

❶ 감사하는 마음을 떠올리고 그것을 표현하는 행동은, 나 자신의 기분을 좋게 하고 긴장을 풀도록 도와준다. 마음에 활력과 유연성을 부여하고 스트레스를 줄이거나 없애 주는 역할을 한다.

❷ 내가 감사하는 대상에게 긍정적인 피드백을 받게 해 준다. 나이가 들어갈수록 우리는 타인을 더욱 경계하고 내 기준으로 판단하는 경향이 있다. 감사는 이러한 장벽을 뛰어넘어 서로를 인정하고 긍정적인 시각으로 바라보는 데 큰 도움을 준다. 내가 행한 감사를 통해 타인의 호의와 진심에 한 걸음 더 다가갈 수 있는 것이다. 감사하고, 감사를 받아 주는 것은 사람 사이의 마음의 고리를 부드럽게 연결하는 활동이다.

❸ 인생을 바라보는 시각을 긍정적이고 낙천적으로 바꿔 준다. 감사하는 마음을 가질수록, 그것을 자주 표현할수록, 나의 인생관과 미래를 보는 시각이 긍정적으로 변한다. 세상은 감사할 일들이 많고, 살 만한 곳이라는 생각이 나의 무의식에 차곡차곡 쌓이기 때문이다. 그런 생각이 모여 세상에 대한 따뜻한 시각과 다름을 존중할 수 있는 여유, 미래에 대한 희망과 낙관적인 성격을 만들어 준다. 내가 긍정적이고 낙관적인 시각을 가질수록 마음속의 걱정과 불안이 줄어들고 생각과 말과 행동도 함께 바뀌어 갈 것이다.

2) 감사는 어떻게 하면 될까?

쉽게 하면 된다. 감사한다는 생각이 떠오를 때 그 대상이 타인이라면 전화나 문자, 이메일이나 편지 등 본인에게 가장 편한 방법으로 행하면 된다. 중요한 것은 본인이 '정말 감사한 마음을 가지고 해야 한다'는 것이다. 마음이 없는 형식적인 감사는 다른 사람들도 그것을 똑같이 느낀다는 것을 기억하자. 우리가 상투적인 단체 문자나 원치 않는 스팸 메일을 받았을 때 내용도 확인하지 않고 지우는 것과 같다.

"감사는 쉽고 편한 방법으로 하되, 마음을 담을 수 있도록 하자."

3) 감사를 습관화하기

감사를 위한 전제조건은 '무언가에 관해 고마운 마음이 들어야 한다는 것'이다. 그런데 고마운 마음을 느끼는 대상은 사람의 성격, 상황, 환경, 가치관에 따라 다를 것이다. 어떤 사람은 숨 쉬고 있음을 깨달을 때마다 감사하는 사람도 있겠지만, 대부분은 우리에게 소소하더라도 특별한 도움이나 이벤트가 펼쳐질 때 고마움을 느낀다. 개인마다 고마움을 위한 최소 단위가 무의식에 존재하는 것이다.

여기에서 알 수 있는 사실은 고마움을 느끼고 표현하는 행동이 자신만의 무의식적인 기준에 따른 '일종의 반사행동'이라는 것이다. 우리는 앞에서 잠재의식의 중요성에 대해 살펴보았고, 그것이 행동과 변화의 지렛대 역할을 한다는 것을 알고 있다. 잠재의식을 활용하여 감사하기를 습관화하기 위해 고마움에 대한 기준선을 낮게 설정하고 많이 감사하자.

〈자신만의 감사의 의미를 자유롭게 찾고, 만들어 보자〉

- 편안한 마음으로 건강하게 눈을 뜰 수 있게 해 주셔서 감사합니다.

- 오늘 하루 내가 해야 할 일이 있어서 감사합니다.

- 처리해야 할 일이 너무 많은데 그래도 생각할 수 있는 시간과 여유가 있어 감사합니다.

- 책임이 무겁지만 그런 자리에서 판단과 선택을 할 수 있게 해 주셔서 감사합니다.

- 이러이러한(구체적인 내용) 도움을 주셔서 정말 감사합니다.

- 따뜻한 햇볕과 바람, 아직 무언가에 도전할 용기를 주셔서 감사합니다.

- 지금 힘들지만 바꿀 수 있는 시간이 남아 있어서 감사합니다.

- 제게 감사하다는 말씀해 주셔서 제가 더 감사합니다.

- 부족한 제 말에 귀 기울여 주셔서 정말 감사드립니다.

4.
작은 변화를 위한
다이어리 쓰는 법

변화를 위해 '나의 커리어 다이어리 쓰기'를 권유하는 이유는 내가 해야 하는 일과 하고자 하는 일을 정확히 확인하기 위해서다.

우리의 기억력은 완전하지도 영원하지도 않다. 아주 짧은 순간에도 중요한 것들을 잊을 수 있다. 다이어리를 쓰는 단순한 활동을 통해 우리는 하루의 일과에 대해 생각을 되새김질한다. 또한, 생각을 쓰고, 눈으로 보고, 그것을 완료한 후 확인하는 활동은 나의 업무와 하루에 대한 최소한의 분석과 행동의 완결성을 가져다준다. 이러한 하루하루가 모여서 내가 하는 일에 대한 완결성, 책임의식, 업무 역량(전문성), 성취감, 자존감이 높아지는 것이다.

자, 그럼 다이어리를 쓰는 것이 나에게 어떤 도움이 되는지 아래 내용을 한번 읽어 보자!

- 업무를 시작하기 전, 오늘 해야 할 일을 명확히 정리하고 잊지 않게 해 준다.

- 해야 할 일과 완료한 일을 표시함으로써 오늘 할 일을 잘 수행했다는 사실을 보여 준다.

- 하루하루에 충실한 삶을 살고 있다는 느낌을 통해 자존감이 높아진다.

- 해야 할 일과 업무의 주체가 바로 '나'라는 사실을 깨닫는다.

- 업무의 완결성이 높아짐으로써 내가 속한 그룹(직장이나 그 밖에)에서의 신뢰도가 높아지고, 업무의 전문성이 향상된다.

- 업무 이외에도 나의 개인적 활동 및 미래를 위한 준비를 계획적으로 수행할 수 있게 돕는다.

- 나만의 다이어리를 가지고 미팅이나 회의 등에 참석하면 왠지 있어 보인다.

이 밖에 다이어리를 쓰는 더 유익한 이유나
자신만의 사유가 있다면 추가로 적어 보자.

-

-

-

1 첫 장 쓰기

다이어리의 제일 첫 장에는 '내가 바라고 원하는 삶에 대한 모습'을 구체적인 문장으로 적는 곳이다. 거기에 적혀 있는 문장은 내가 일과 생활에서 추구하는 목표이자 내 생각과 태도의 방향성을 이끌어 주는 나침반이 될 것이다('잠재의식을 활용하자'에서 소개한, 매일 2번씩 말할 문장을 그대로 적으면 된다).

문장의 아래 단락에는, 목표의 주인이자 내 마음과 행동의 주인인 자신의 이름을 적자.

- _____
- _____
- _____
- _____
- _____

나는 내 영혼의 주인이며, 내 인생의 선장이다! 이름 ●●● (서명)

2 본편 쓰기

다이어리를 쓰는 목적은 내가 오늘 하고자 하는 일을 머릿속에 떠올린 후 글로 적고, 스스로 작성한 내용을 수행하여 완료하고, 하지 못했거나 부족한 부분을 직접 눈으로 확인하고, 분석하여 나의 역량과 완결성을 높이고자 하는 것이다.

말은 길었지만 내용은 간단하다. 작성 요령은 다음과 같다.

My Career Date: .   .   .

♪ 본인의 다짐이나 단기적인 목표, 마음에 와닿는 문구, 격려의 말을 적는다
  (적어도 1주일은 유지한다).

•

•

• 해야 할 일(구체적인 업무 기재, '인간관계를 개선하자.' 등 추상적 내용은 지양하자.)

•

•

- 오늘 하루 동안의 일에 대한 감상, 생각해 볼 점, 개선하거나 변화를 주고 싶은
   점, 나의 기분이나 느낀 점, 고마웠던 일 등을 자유롭고 짤막하게 적는다.

- 오늘 필수적으로 **해야 할 일과 하려고 마음먹은 일**을 적는다 (업무, 개인적인 일 모두 포함).

  일과 중 새롭게 생각나거나 부여된 일이 있다면 하단에 추가해서 기재한다.

  해야 할 일을 적을 때는 구체적인 업무 및 시행 내용을 담아야 한다. 거대하거나 시일이 많이 소요되는 일이라면 오늘 수행할 목표와 분량을 구체화하여 그 내용만을 기재하자.

○ **완료한** 일에 대해서는 ・ 위에 동그라미 ○ 를 그리자 (완료하지 못한 일의 경우, ・ 그대로 놔둔다. 다음날 수행이 필요할 경우 미리 기재한다).

△ 기재한 일을 **수행했지만, 부족한** 면이 있다는 생각이 들면 ・위에 세모(△)를 그리자.

　　　　하늘색은 다음날 기입을 보여 주기 위한 것임

My Career Date 2021. 07. 01.

✓ 나는 아무리 하찮은 일이라도 최선을 다할 것이다.

⊙ 웹사이트 업데이트 내용 확인 및 보완

⊙ 거래처 담당자 A 씨와 미팅 (오후 3시)

⚠ 디자인 프로젝트 내용 팀장 보고 및 팀원 내용 공유

• A 님 업무 진행 상황 확인 및 대화(고충? 확인)

⊙ 업무 주요 내용 일일 보고

⊙ 엄마에게 안부 전화

- 개인적인 성장을 위한 활동과 시간을 좀 더 늘려 보자.
- 이번 프로젝트의 목적과 방향성에 대해 팀원들과 좀 더 얘기를 나누자.

My Career Date 2021. 07. 02.

✓ 나는 아무리 하찮은 일이라도 최선을 다할 것이다.

⊙ A 님 업무 진행 상황 확인 및 대화(커피)

⊙ B 님 상세페이지 기획안 확인 및 피드백

⊙ 디자인 기획안 구조(목차) 완성 후 팀 공유

⊙ 거래처 B 담당자 안부 전화(점심 이후 2~3시경)

⊙ 팀 프로젝트 관련 상무님 업무 보고(오후 4시)

⊙ 필라테스 수업 참석(저녁 7시)

- 바쁜 하루였지만 하려는 것들을 잘 완료했다. 고은이 칭찬해!!^^
  (그리고 힘든 내색 없이 따라와 주는 팀원들 고마워!)

다이어리의 내용을 작성할 때, 오늘 해야 하는 필수적인 일은 모두 적고 그 밖에 하고자 하는 일은 구체적으로 작성하여 적되, 무리한 목표나 분량을 설정하지 말자.

지금의 내가, 오늘 할 수 있는 일들을 적어 완료했다는 표시(○)를 늘려 나가는 것이 좋다.

하루 중 다이어리를 처음 작성하는 시점과 최종적으로 확인하는 시간은 본인이 결정하면 된다. 다만, 짧은 시간만이라도 내용을 들여다보고 생각에 집중할 수 있도록 가능한 한 조용한 시간대를 선택하는 것이 좋다.

> *참고
> 첫 작성 시간 : 일어난 후 조용한 시간, 출근 직후, 본격적인 업무 시작 전 등
> 최종 정리   : 퇴근 20분 전, 컴퓨터를 끄기 전, 퇴근 후 조용한 시간 등

3 마지막 챕터

『나의 커리어 다이어리』의 마지막 챕터는, **여백의 장이다**(다이어리의 가장 뒷장에 있다).

꼭 기억하고 싶은 책이나 기사의 내용, 마음에 깊은 감동과 울림을 준 글이나 격언, 본인의 변화나 미래에 대한 중요한 생각, 번뜩였지만 더 확장하고 싶은 계획이나 아이디어 등을 적는 곳이다. 사람에 따라 매일의 업무를 완전히 수행하는 것보다 더 중요한 성장의 영역이 될 수도 있다.

마음에 깊은 울림을 주는 말과 글은 '여백의 장'을 활용해 꼭 적어 두자!

한 해가 지나갈 때마다 확인하고 여전히 깊은 울림과 영향을 주는 내용은 다음 해에 작성할 다이어리에도 옮겨 적도록 하자. 그러면 그 내용은 나만의 철학과 가치관이 되어 든든한 버팀목이자 인생의 소중한 나침반이 되어 줄 것이다.

5.

다이어리를 쓰기 전에

해야 할 것들

다이어리를 쓰기 전, 마음과 몸에 이제 시작한다는 신호를 주는 준비운동이 필요하다. 이러한 활동은 맑은 생각과 차분한 마음을 갖게 해 주고, 자신에게 하루의 업무를 시작한다는 느낌을 전달해서 하루하루를 새로운 마음으로 접근하게 해 줄 것이다. 다이어리 쓰기 전, 우리에게 1~2분의 짧은 활동을 통해 여유와 루틴을 선물하는 방법은 다음과 같다.

1 깊은 호흡

호흡의 중요성에 대해서는 건강 관련 기사나 자료, 책, 유명인사의 발언 등 수많은 사례가 소개되어 왔다. 그중에서 깊은 호흡, 아랫배의 움직임에 집중하는 복식호흡은 편안한 마음과 맑은 정신을 조성하는 것에 큰 도움이 된다.

다이어리 작성 전, 출근해서 자리에 도착했다면 의자에 편안한 자세로 앉아서 몸의 힘을 빼고 깊은 호흡을 해 보자. 이때 아랫배로 숨을 쉰다고 상상하면서 6초 동안 숨을 들이마시고, 6초간 멈추고, 마지막 6초 동안 천천히 내뱉으면 된다. 이런 깊은 호흡을 5~7번 반복하자.

숨을 들이마실 때는 가슴이 아닌 아랫배가 부푼다는 느낌으로 머릿속으로 1에서 6까지 숫자를 세고, 내쉴 때는 아랫배를 통해 내보낸다는 느낌으로 1~6까지 숫자를 세며 내뱉으면 된다.

2 나의 다짐 되뇌기

매일 2번씩 말하고자 작성한 '원하는 삶을 위한 구체적인 문장 (잠재의식을 활용하기 및 다이어리 첫 장에 작성한 내용과 동일)'을 소리 내어 말해 보자. 이미 출근 전이나 그 밖의 시간대에 소리 내어 말하기를 시행했다면 마음속으로 말하거나 읽어 보기만 해도 좋다.

3 반복의 힘을 믿기

깊은 호흡과 나의 다짐을 되뇌었다면 이제 다이어리를 작성하자. 그리고 이 루틴을 매일 반복하자. 단순하게 반복하는 이 간단한 활동이 내가 깨닫지 못하는 사이에, 나의 마음속에 작은 성취감들을 계속 쌓아 주고, 변화를 일으키는 힘으로 전환되고 있음을 믿자.

이제부터 시간의 흐름은 나의 편이다.

6.
조직(업무)에서의 성공을
위한 작은 Tip

이 책의 제목은 '나의 커리어 다이어리'이다. 일과 삶은 나누어 설명하기 어려울 만큼 연관성이 크기 때문에 삶의 근본적인 여러 요소를 다루고 있지만, 이 장에서는 일과 업무에서 '탁월성'을 획득하는 방법에 좀 더 초점을 맞추어 보고자 한다.

우리는 일을 하면서 성과를 내고, 성취감을 맛보고, 나와 타인에게서 인정받고 싶어 한다. 그리고 그러한 결과물로서 연봉 및 수입의 상승, 직급이나 사회적 신분의 상승을 바란다.

그런데 일과 업무 활동에서 성과를 내고 주변의 인정과 존중을 받으려면 어떻게 해야 할까? 너무나 많은 정답과 대안들이 존재하겠지만, 공통으로 적용할 수 있는 5가지 중요 포인트를 소개하고자 한다.

1 견디는 것의 힘

견딘다는 의미는 결국 '인내'를 말한다. 본인이 원하는 일을 직업으로 선택했다고 하더라도, '일(업무)'이 지닌 본질적 속성상 그 작업을 수행하기 위한 지속적인 소모(시간, 체력, 지력, 에너지 등)가 발생한다. 또한, 내가 하고 싶지 않은 순간에도 일을 위한 활동들을 수행해야 하며, 다른 사람들과 맺는 관계에서 파생되는 갈등과 스트레스를 동반한다.

이런 이유로 정말 좋아하는 활동을 직업으로 선택했지만, 그것이 일이 되는 순간 흥미와 재미를 잃게 된 사람들을 주변에서 흔히 볼 수 있다. 사회 초년생이거나, 젊은 나이에 회사(조직) 생활을 시작하는 경우에는 그런 경향이 조금 더 강하다. 이렇게 노년이 될 때까지 생계와 가족을 위해 참아야만 한다고 생각해 보면 너무나 힘든 일이다.

여기서 말하고자 하는 것은 그것이 일과 업무, 사회생활의 본질적 속성이니 무조건 참으라는 것이 결코 아니다. 회사나 업무가 불법을 조장하거나, 지극히 비상식적이고 불합리한 환경이나 처우를 강요한다거나, 업무의 강도나 스트레스가 너무나 견디기 힘들어서 죽고 싶을 정도라면 당장이라도 새로운 직장이나 일을 찾아봐야 할 것이다.

다만, 그렇게 극단적인 환경에 처하지 않은 경우라면 본인이 바라는 모습과 원하는 성공을 쟁취하기 위해서 지금 이 순간 하는 일에 조금 더 여유로운 시각을 갖도록 노력해야 하며 성급한 마음(당장 때려치우고 싶은 충동 등)을 다스릴 필요가 있다고 얘기하는 것이다.

'견디는 것이 힘이 되는 것'은 크게 2가지 이유 때문이다.

첫 번째는 **일의 대가성과 관계된 것이다.** 일하는 시간 동안 현재를 살아가는 데에 필요한 수입(돈)을 획득하고, 내가 원하는 일과 업무를 준비할 시간과 경제적 여력을 마련할 수 있다.

나의 현재 상황이나 배경이 일하지 않고도 생계나 소비 활동을 전혀 걱정하지 않을 정도로 여유롭다면 모르겠다. 그러나 그런 여건을 가진 사람보다는 그렇지 않은 사람이 더 많기에 항상 눈앞의 현실적 경제 활동에 대해 고민하고, 일을 통해 수입을 만들어야만 한다. 회사 생활이나 일을 하는 지금 이 시간은 나에게 현재가 아니라 미래를 준비할 수 있는 최소한의 수입과 일상의 시간을 보장해 준다.

현재의 업무활동은 수입과 시간 활용의 예측 가능성을 일정 부분 보장함으로써 미래를 스스로 준비할 여력을 주는 것이다.

두 번째는 업무를 지속하여 수행하는 활동을 통해 **나의 역량과 시야가 확장되기 때문이다.**

피할 수 없는 여러 상황과 변수, 인간관계 속에서 업무를 수행하는 가운데 우리의 업무 역량은 지속해서 쌓이고 발전한다. 이렇게 쌓아 올린 업무적 역량을 '전문성'이라는 말로 표현하기도 한다.

어느 순간에는 정체되는 느낌을 받기도 한다. 그러나 열의를 가지고 지속해서 수행해 나가는 활동은 우리에게 그 과업을 효율적이면서도 효과적으로 처리하는 방법, 그 과정에서 발생하는 갈등이나 협조 등 인간관계의 설정과 조율, 업무에 대한 깊이 있는 이해와 같은 중·장기적인 관점의 변화를 동반한다.

높은 산에 올라가야만 전체를 볼 수 있는 것처럼 단기적인 경험이 알려 주거나 보여 주지 못하는 넓고 깊은 시각을 가질 수 있게 한다.

내가 넓고 깊은 시각을 가질수록 내가 원하는 미래의 모습을 구체적으로 그릴 수 있고, 원하는 일과 삶을 살아가는 데 필요한 요인들을 더 정확히 인지하고 획득할 수 있다. 그러한 부분에 스스로 획득한 전문성이나 역량이 도움이 되는 것은 당연한 일이다.

그럼 대체 얼마나 견디는 것이 필요할까? 최소한의 시간이 어느 정도인지 알고 있다면 현재의 힘든 상황들을 견뎌 내는 데 도움이 될 것이다. 이를 위해 '절대시간'의 개념을 살펴볼 필요가 있다.

'절대시간'은 한 가지 일에 대해 자·타가 인정할 수 있는 역량을 갖추는 데 드는 시간을 의미한다. 업종이나 직업의 특성에 따라 조금씩 다를 수는 있지만, 보통은 맡은 업무와 관련 영역을 파악하고, 업무의 전후 맥락과 히스토리를 이해하고(기억하고), 능숙하게 처리하는 단계에 이르기까지 투여되는 시간일 것이다. 절대시간을 산정할 때, 일반적으로 '1만 시간의 법칙'을 많이들 이야기한다.

1만 시간은 하루 8시간 근무를 기준으로 1년에 약 250일(토·일·공휴일 제외)을 일한다고 가정했을 때 5년이 지나야 도달할 수 있는 시간이다. 그렇다면 5년만 참으면 될까? 아쉽지만 대답은 '아니요'이다. 하루 8시간 내내 일에만 집중할 수 있는 사람은 극히 드물기 때문이다. 동료와의 대화, 커피, 잡담, 딴생각, 회의, 업무 보고와 지시 등 지금 맡은 영역의 업무를 지연시키는 요인은 너무나 많다. 그렇기에 실제로는 8~10년 정도의 시간이 필요하다.

헤드헌터로서 현업에서 일하고 있는 여러 후보자와 이야기를 나누어 보면, 10년 정도를 같은 직무군에서 일한 사람을 '시니어(주어진 일을 스스로 판단하여 처리할 수 있는 경력자)'로 표현하고는 한다. 필자 역시 어느 정도 공감하는 면이 있다.

그럼 10년을 견뎌 내야만 하는 것일까? 그렇지는 않다. 여기에서 우리가 흔히 말하는 '개인차'가 발생한다. 평균 이상의 탁월하거나 비범한 역량을 갖추었다고 평가받는 사람 중에는 시니어의 영역에 도달하는 시간을 크게 단축한 경우도 적잖기 때문이다.

그런 차이를 발생시키는 요인은 '집중'에 있다. 업무를 수행하는 데 집중하여 노력하는 태도가 체화(體化)되어 있는 사람들은 평균보다 훨씬 짧은 업무 수행 기간에도 더 뛰어난 역량과 결과물을 보여 주는 경우가 많다. 이러한 사람들은 다른 사람들이 10년에 걸쳐 도달한 영역을 3~7년 사이에 도달하는 것이다.

'개인차'의 요인에는 물론 지능과 학력도 포함될 수 있을 것이다. 그러나 지능과 학력보다는 '업무에 집중하고자 하는 마음가짐과 노력하는 태도'가 시간이 지날수록 훨씬 큰 차이를 만들어 낸다. 집중하고 몰입하고자 하는 마음가짐은 업무에 대한 깊이 있는 이해를 끌어내고 처리속도를 증진한다. 그리고 노력하는 태도는 관련 분야와 중요 이슈들에 대해 교류, 토론, 독서, 정보 수집 등의 활동을 능동적으로 전개하게 함으로써 전문적인 역량과 깊이 있고 넓은 식견을 지니게 해 준다. 이러한 하루하루가 모여 평범한 일상에서의 10년을 3~7년으로 단축하게 하는 것이다.

업무 역량이 우수한 사람들을 분석한 경영·인문학적 연구들, 업무 성과와 가치 창출에 대한 도서들, 내적 동기 유발에 관한 심리학 서적 및 자기계발서들, 헤드헌터로서 우수하다고 평가받는 인재들과의 대화, 직접 만나 본 기업의 대표와 임원들의 관점 등도 이러한 시각을 뒷받침하고 있다.

2 작은 업무에도 성의를 다하라

처음으로 직장에 입사하게 되면 아주 작은 일부터 시작하게 된다. 단순반복적 업무, 아주 좁은 범위나 책임을 크게 필요로 하지 않는 업무, 다른 상사나 선배들이 귀찮게 생각하거나 싫어하는 잡다한 일 등이 그것이다.

시간이 지나 사회생활의 연차와 내공(?)이 쌓이면, 본인이나 조직의 관심과 영향이 큰일들에 초점을 기울이느라 작은 일들을 회피하거나 제대로 수행하지 않을 수도 있다. 하지만 작은 일을 성의 있게 수행한다는 것은, 자신의 위치와 상관없이 아주 중요한 의미를 지니고 있다. 그 이유는 다음과 같다.

첫째로, **일과 업무에 대한 '태도와 지향점'을 스스로에게 각인시켜 준다.**

남들이 모르거나 관심이 없는 아주 작은 일에도 충실함으로써 내가 선택한 조직과 업무에 최선을 다하겠다는 의지를 스스로 표현하는 것이다. 이러한 태도는 현재 상황에 대한 불평이나 부정적인 마음을 감소시키고 미래를 긍정적인 시각으로 바라보게 한다.

둘째로, **작은 일을 대하는 모습을 통해 조직 내에서 좋은 평판을 형성할 수 있다.**

아무도 신경 쓰지 않는 것 같은 일일지라도, 시간이 지날수록 누군가는 나의 행동이나 태도, 결과물들을 보게 되어 있다. 주어진 일에 대해 성실하고 성의 있게 임하는 모습은, 다른 사람의 호감과 믿음을 얻는 데 큰 역할을 한다. 좋은 평판은 더 중요하고 큰일을 맡을 기회를 제공할 것이고, 작은 일에 성의를 다해온 사람은 큰일도 무리 없이 수행할 수 있다.

마지막으로, **사회생활의 여러 관계 속에서 믿음과 신뢰를 형성한다.**

우리가 일이나 업무적으로 만나는 사람들은 가족이나 친구가 아니다. 각각의 이해관계 속에서 관계를 형성해 나가기에, 누군가를 믿고 존중한다는 것은 생각보다 어려운 것이다. 신뢰의 의미를 인간적 신뢰가 아닌 업무적 신뢰 관계로 한정하는 때도 마찬가지이다.

작은 일에 충실해지려는 지속적인 태도는 그 행동을 통해 내가 얼마나 믿을 만한 사람인지를 다른 사람이 인지하도록 해 준다. 믿음과 신뢰는 말이 아닌, 행동을 통해 쌓여 나가기 때문이다.

그러니, 지금 내가 수행하는 일들이 작고 하찮다고 생각되어도 성의를 다하자. 그리고 미처 살피지 못한 작은 일들이 남아 있다면, 세심하게 기록하고 완료하자.

3 스키마의 확장

'**스키마**(Schema)'**란** 사건과 정보의 의미를 파악하고 본질과 핵심을 인지하도록 해 주는, 두뇌 가장 밑바닥에 저장된 배경지식을 말한다. 스키마는 마치 식물이 자라는 토양과 같은 역할을 한다. 비옥한 토양에는 나무들이 잘 자랄 수 있지만, 메마르고 황폐한 토양에는 식물이 잘 자라지 못하는 것처럼 스키마가 부족하면 업무의 본질을 깊게 이해하기 힘들고, 경험을 능동적으로 응용할 수 없으며, 지속적인 발전을 기대하기 어렵다.

우리가 업무를 수행하는 과정에는 업무의 성격, 추구하는 비전, 도달하려는 목표, 관계된 일들과 사람들, 전후 맥락, 그간의 히스토리 등을 파악하고 업무의 세부내용을 정해 나가는 활동이 필수적이다. 또한, 시간과 상황의 변동에 따라 업무의 내용과 방식에 변화를 주기도 하며, 이러한 내용을 상사나 관계자들과 공유하고 토론, 정리, 발표, 보고하는 일들도 수행해야 한다.

스키마는 업무를 수행할 때 업무의 본질을 이해하고, 핵심요소를 파악하여 수행하도록 도와준다. 문제는 같은 회사에서 같은 업무를 수행하면서도 개인별 스키마의 차이에 따라 업무 수행역량의 차이가 벌어진다는 것이다. 스키마는 1~2년의 짧은 시간이 아닌, 10년 이상의 긴 시간에 걸쳐 형성된 기반 지식이다. 그렇기에 스키마가 잘 형성된 사람일수록 업무를 빨리 흡수하고 맡은 프로젝트를 성공적으로 수행할 가능성이 크다.

기업에 입사할 때 학력을 중요한 요소로 고려하고, 면접을 통해 커뮤니케이션의 수준을 확인하는 것은, 성격과 소통능력 외에도 개인이 지닌 잠재성(스키마)을 가늠하기 위한 측면이 있다.

이렇게 중요하지만, 눈으로 볼 수 없는 스키마를 어떻게 확장할 수 있을까? 스키마의 형성은 긴 시간이 필요하다는데 부족하다고 생각할 때는 이미 늦은 것은 아닐까? 단도직입적으로 답부터 먼저 얘기하자면 "늦지 않았다."이다.

스키마는 '직·간접적인 경험'을 통해 지속해서 확장된다. 업무에 대해 진지하게 고민하고, 동료들과 의견을 나누고, 성실히 노력하고 있다면 직접적인 경험에 대해서는 크게 고민하지 않아도 된다. 남은 것은 간접 경험의 가장 중요한 방법인 **'독서를 통한 스키마의 확장'**이다.

사회생활에 필요한 스키마를 빠르게 확장하기 위해서는 '목적을 기반으로 하는 독서'가 반드시 필요하다.

이를 위해, '업무에 관계된 것과 그 밖의 것(좋아하거나 관심 있는 것)'으로 독서 주제와 시간을 나누어 접근하는 것이 효율적이다. 사실 어떤 내용이든 독서는 스키마의 형성과 확장에 큰 영향을 미친다. 그러나 업무 역량과 전문성을 더욱더 빠르게 강화하기 위해서는, '업무적으로 다양한 배경지식을 직접적으로 전달해 줄 수 있는' 업무 관련 독서를 해야 한다.

하지만 독서를 하는 그 자체도, 하물며 업무 관련 책을 읽는 것은 쉬운 일이 아닐 수 있다. 그런 분들을 위해 필자가 체험한 효과적인 방법을 알려 드리고자 한다. 바로 하루의 시간을 두 가지로 구분하여 시간대별 주제로 책을 읽는 것이다.

- 업무 시간대(출근~퇴근): 업무 관련 서적

출근 시간(지하철, 대중교통을 이용하는 시간 포함)과 업무 시간 중에 틈이 날 때는, 업무 관련 독서를 한다. 업무 관련 독서의 범위는 업무 역량 강화를 위한 전문 서적부터, 방법론과 트렌드 등을 다룬 분야별 베스트셀러, 현재 업무적으로 개선하고 싶거나 배우고 싶은 내용, 동기부여와 자기계발 등에 관련된 책을 읽기를 권장한다(이 시간대에 업무 관련 독서를 하는 것은 다른 사람의 눈치를 별로 안 볼 수 있고 업무와 연계성이 있기에 더욱 잘 와닿는다).

- 퇴근 이후(퇴근~잠들기 전까지): 관심 분야 서적

이 시간대의 독서는 본인이 좋아하는 내용을 찾아서 보면 된다. 취미, 관심 분야, 재미를 느끼는 것 등 본인이 보고 싶은 주제로 자유롭고 즐겁게 독서를 하자.

이 방법을 실행해 보면, 생각했던 것보다 훨씬 더 많은 책을 읽을 수 있다는 것을 경험할 수 있을 것이다. 그리고 업무 시간 중에 공백이 발생할 때, 무의식적으로 일회성 인터넷 기사나 핸드폰을 들여다보는 습관도 교정할 수 있다.

인터넷 정보나 기사 등도 스키마 확장에 기여하는 면이 있겠지만, 독서만큼 강하게 스키마를 형성하기는 어렵다. 독서는 인터넷과 비교할 때 한 가지 주제를 일관되게 다루는 분량, 내용의 깊이, 시간의 소요, 두뇌의 집중력을 훨씬 많이 필요로 하기 때문이다. 모래를 체에 넣어 거르는 모습을 상상하면 된다. 굵은 모래는 체에 남지만, 작은 모래들은 그냥 빠져나가 버리는 것과 같은 이치다.

독서를 할 때는 눈으로 읽어도 좋고, 귀로 들어도 좋다(요새는 책을 읽어 주는 플랫폼도 잘 되어 있기에 마음만 먹으면 얼마든지 쉽게 활용할 수 있을 것이다). 본인에게 가장 편한 방법으로 하면 된다. 시간이 쌓여 갈수록 나도 모르는 사이에 스키마가 확장되어 업무와 삶의 여러 영역에 큰 도움이 된다는 것을 반드시 느낄 수 있을 것이다.

4 조직에서의 성공적인 인간관계

사회생활은 결국 업무를 통해 다양한 사람들과 관계를 형성하는 것이다. 하지만 인간관계를 긍정적인 방향으로 유지하는 것은 누구에게나 말처럼 쉽지 않다.

여러분이 직장인이라면 회사 내 인간관계에서 발생하는 갈등과 스트레스를 적어도 수차례 경험했을 것이다. 성격도, 나이도, 성별도, 직급도, 부서도, 업무도 제각각인 사람들을 어떻게 대해야만 하는 것일까? 답은 근본적인 공통점을 찾는 것에서 시작해야 한다.

회사 내 사람들은 모두 조직의 업무를 수행하기 위해 선택된 사람들이다. 각각의 업무는 다르지만, 전체의 큰 목적(사기업에선 이윤 창출, 공기업에선 규정된 의무)을 위한 '일을 하고 있다'는 공통점이 있다. 사회에서의 인간관계가 일(업무)적인 관계를 전제로 시작되는 것이다.

일은 그 속성상, 정해진 목적 달성을 위해 개인의 시간과 에너지를 지속해서 필요로 한다. 조직의 목적이 달성될 때까지 일정 시간 이상을 계속해서 수행해야만 하고, 목적을 달성하면 다시 새로운 목적이 부여된다. 시간과 에너지의 반복적인 소모를 감당해야만 하는 것이다.

이런 공통된 상황에 놓여 있는 사람들 사이에서 긍정적인 관계를 형성하고 유지하기 위해서는 서로에게 실질적인 도움을 주어야만 한다. 실질적인 도움이란, 업무적인 것과 정서적인 것 모두를 포함한다. 구체적으로 말하면, '업무적 공유', '동료 의식', '상대방에 대한 인정과 격려'가 필요하다.

1) 업무적 공유

'업무적 공유'란 다양한 영역에서 전개될 수 있으나, 여기서 강조하고자 하는 것은 **'정보의 공유, 업무적 깨달음의 공유, 힘듦에 대한 공감'**이다.

조직 내에서 '업무적 정보'는 모두에게 열려 있거나, 마음만 먹으면 접근이 가능한 것처럼 보일 때도 있다. 그러나 실질적으로 필요하거나 깊이 있는 정보는 소수의 사람만이 확보한 자원인 경우가 많다. 그것이 경쟁우위를 만들어 주는 중요한 요인 중 하나이기 때문이다. 그렇기에 중요한 업무 정보를 공유하면 나의 경쟁력이 약해지거나 잠재적인 경쟁상대가 성장할 수 있다고 생각하기 쉽다.

그러나 업무의 주요 정보를 공유하면 할수록 함께 일하는 사람들 사이에서 업무 방향성이 같아지고 커뮤니케이션의 깊이와 속도가 높아져서 전반적인 효율을 끌어올리게 된다. 이러한 변화와 더불어, 정보가 공유되고 있다는 사실을 스스로 인지함으로써 서로 간 업무적 신뢰가 상승하게 된다. 나의 업무가 함께하는 업무로 변화되어, 무거운 짐을 나누게 해 주고 시너지를 발생시킨다.

두 번째는 **업무적 깨달음의 공유**이다. 업무적인 깨달음은 오랜 시간의 경험을 통해 업무를 효과적, 효율적으로 수행할 수 있는 노하우, 판단과 행동 방식, 가치관, 교훈, 스킬 등을 망라하는 것이다. 그렇기에 업무적 깨달음의 공유는 정보의 공유보다 더한 가치와 깊이가 있으며, 그 상대방에 대한 업무적 신뢰 관계를 넘어서는 친밀한 교감을 가능하게 해 준다.

시간과 경험의 축적에서 비롯되는 면이 크기에 대부분은 선배에서 후배에게, 상사에서 부하직원에게 등 직급과 연차에 따라 위에서 아래로 전달되는 경향이 있다. 그러나 그 반대도 얼마든지 가능하며, 동료 간 전달과 공유도 마찬가지이다.

업무적인 깨달음은 본인의 심도 있는 노력을 통해 얻게 되는 결과물이기에 그것을 공유하는 것은 정보의 공유보다 현실적, 심리적으로 훨씬 어려운 일이다. '알려 주면 나만 손해'라는 생각이 드는 것은 어쩌면 너무나 당연한 일일 수도 있다. [그래서 '암묵지(暗默知)'라 부르는 것일 수도 있다.]

하지만 크게 생각해 보자. 내가 가지고 있는 노하우, 깊이, 그에 따른 스킬(효과적인 수행 방법)은 아직 그 영역에 이르지 못한 직장동료의 업무 역량을 증대하고 시간과 에너지 소모를 경감시킨다. 심지어 업무를 관통하는 가치관과 철학까지도 공유함으로써 고마운 마음과 깊은 유대감, 통찰력의 공감대를 형성하여 업무라는 시간적, 공간적 활동을 좀 더 편하고 즐겁게 이룰 수 있도록 한다. 업무적 깨달음의 공유를 시작한 나 자신이 오히려 상대방에게 긍정적인 피드백과 영향을 받게 되는 것이다.

마지막은 '힘듦에 대한 공감'이다. 일은 누구에게나 쉽지 않다. 작은 일을 충실히 수행하여 성공의 경험이 늘어 갈수록 그에 비례하여 책임과 역할도 계속 증가한다. '일이 일을 부르고, 일을 잘하면 더 많은 일을 부르는 경우'가 많은 것이다. 그렇지만 우리의 체력과 지력, 열정과 에너지는 계속 증가하기 어렵기에 점점 일이 어렵고 힘들다고 느끼게 되는 것이다.

일을 잘하든 못하든, 주위의 인정을 받든 못 받든, 직급이 높든 낮든 상관없이, 일은 매 순간순간 버겁고 힘들다. 그렇기에 각자 나름대로 그 힘듦을 견디고, 극복하려고 노력하고 있다는 사실을 알아주고, 표현을 통해 공감해 주어야 한다.

힘들게 노력하고 있다는 사실에 대해 공감하는 것은 상대방이 자신의 상황을 이해하고 힘든 점을 이야기할 수 있는 사람이라는 무의식적 평가를 내리게 한다. 그런 마음이 나를 자신과 함께할 수 있는 사람으로 인정하게 하고 더 깊은 정보와 깨달음의 공유를 가능하게 한다.

업무적 공유는 동료의 어려움에 대한 공감과 함께할 때 가장 큰 영향력을 발휘할 수 있다.

2) 동료 의식

'**동료 의식**(Fellow Feeling)'이란 업무적 관계 속에서의 친근감, 배려심, 협동 등과 같은 긍정적인 면과 경쟁심, 경계심 등의 부정적인 면을 모두 포괄하는 용어이다.

하지만 여기서 말하고자 하는 동료 의식은, '함께 일하는 사람으로의 인식과 유대감'을 뜻한다.

우리는 회사나 직장에서 하루의 많은 시간을 보낸다. 잠자는 시간을 제외하면 가족보다 더 오랜 시간을 직장에서 보내는 것이다. 이렇게 긴 시간을 보내는 직장 내 인간관계에 경계와 시기, 갈등과 스트레스가 누적된다면 나의 삶도 어두운색으로 변해 갈 수밖에 없을 것이다. 직장에서 인간관계로 인한 부정적인 영향을 받지 않고 좋은 관계를 만들기 위한 필수적인 노력이 '동료 의식을 형성하는 것'이다.

그럼 동료 의식은 어떻게, 어느 순간에 형성되는 것일까? 각자의 경험을 얘기해 보라고 하면 못해도 수백 개의 이야기가 나올 것이리라 생각한다. 그래도 이러한 것들을 크게 분류하여 묶는다면 다음 2가지 정도로 압축할 수 있다.

첫째는, **어려움에 부딪혔을 때 도움을 준 순간이다.**

업무와 그 속에서의 인간관계는 우리가 가정과 학교에서 미리 배울 수 있는 종류의 것들이 아니다. 그렇기에 어려움과 막막함을 느끼는 순간은 입사 이후부터 퇴사할 때까지 언제든 느낄 수 있다. "정말 어렵다."라고 느끼는 상황에서 도움을 받은 기억은, 아무리 냉정한 성격을 지닌 사람에게도 고맙고 긍정적인 마음을 심어 준다.

둘째는, **힘든 시간과 경험을 함께 겪었을 때이다.**

직장에서는 맡은 업무의 성격, 직급, 책임 소재 등에 따라 업무 수행내용에는 필연적으로 개인 간의 차이가 발생한다. 특히 일상 업무의 범위를 벗어난 활동과 책임은 구성원 상호 간 '상대적 박탈감'을 조장하는 원인이 되곤 한다. 야근, 퇴근 시간대의 돌발 이슈, 민감하거나 어려운 업무의 분배, 문제가 된 내용의 책임과 사후처리 등이 그것이다. 이러한 것들은 보상을 차별화한다고 해서 쉽게 해소되지 않는다. 정서적 요인이 깊이 내재되어 있기 때문이다.

동료 의식을 형성하려면, 이런 정서적 박탈감을 풀어줄 시간과 경험을 함께 하는 것이 필요하다. 실질적인 접근 방법으로 야근을 해야만 하는 동료와 업무 시간을 함께하기, 어려운 일을 수행하는 동료가 있을 때 그 일부를 나누어 수행하기, 갑작스러운 업무에 대해 함께 고민하고 해결 방안을 찾기 등 다양한 방법이 있을 수 있다.

자신의 시간과 노력을 기울여서 힘든 시간을 같이 보낸 경험은 상대방에게 "이 사람은 이곳에서 나와 함께 일하고 있는 사람이구나, 똑같이 힘든 점이 있고 상황을 공유할 수 있구나."라는 동질감과 유대감을 느끼게 해 준다. 동료로서 마음으로 인정하게 되는 것이다.

어쩌면 '굳이 그렇게까지?'라는 불필요한 노력이나, 암묵적으로 강요받은 희생이라 생각할 수도 있다. 하지만 절대 그렇지 않다는 것을 얘기해 주고 싶다.

내가 맺은 인연과 행동의 인과는 다시 나에게 되돌아온다. 사회생활을 하면서 함께 일하는 사람들에게 약간의 배려와 희생을 베푼다면 좋은 사람들과 끈끈한 유대관계를 만들 수 있고, 언제 어떤 모습으로든 나도 그들에게 도움과 보답을 받을 것이라는 사실을 꼭 잊지 말자!

3) 인정과 격려

우리는 살아가면서 좋아하는 사람에게 따뜻하게 대하고, 믿음과 신뢰를 주는 사람과 이야기를 나누고 싶어 하고, 애정이 있는 사람에게 일상을 공유하고, 선물을 준다. 조직 생활에서의 인간관계도 크게 다르지 않다. (Give and Take 경향이 좀 더 강하긴 하지만.)

상대방이 나를 동료로 인정하고, 호감과 신뢰를 형성하는 것이 조직 내 원활한 인간관계의 비결이다. '인정과 격려'는 바로 이런 호감과 신뢰를 표현하는 좋은 방법이 된다.

그럼 조직 내 인간관계에서 언제, 어떻게 '인정과 격려'를 하면 좋은 것일까? 업무적으로 뛰어난 성과를 보였거나 맡은 일을 훌륭히 완수했을 때, 업무적 역량이 크게 성장했음을 알게 되었을 때, 승진 등 축하할 일이 있을 때 등 긍정적인 면이 부각되는 시점에는 대부분이 당사자를 인정하는 표현을 할 것이다.

그러나 일상 업무를 성실히 수행하고 있거나, 부족한 점을 보완하려고 노력하거나, 외적인 업무나 내면적 스트레스로 힘든 상황에 놓여 있는 사람에게 '인정과 격려'를 건네는 것이 더욱 효과적일 수 있다. 힘든 상황에서 위안을 준 사람에 대한 기억은 반대의 경우보다 훨씬 선명하고 오래가기 때문이다.

사람은 적응과 변화의 생명체이며 조직 생활에서도 이는 극명히 나타난다. 현재의 역량과 자질이 뛰어나더라도, 미래에 그대로 반영되는 경우는 흔치 않은 경우가 많다. 그렇기에 지금 부족하거나 어려운 점이 있는 사람에게도 본인만의 방식으로 위로와 격려를 보내자.

커피 한 잔을 나누거나, "정말 잘하고 있다. 노력하고 있는 걸 알고 있다. 응원한다." 등 진심 어린 따뜻한 말을 건네 보자. 어렵게 생각하지 말고, 본인에게 편하고 쉬운 방식으로 다가가면 된다.

앞에서도 이야기했듯 이런 활동의 결과는 내게 다시 돌아온다. 다른 사람을 인정하고 위로하고 격려함으로써 내 마음이 따뜻해지고 편안해진다. 그런 말과 행동을 한 나 자신이 무의식중에 나의 존재가치를 스스로 긍정하게 되는 것이다. 그리고 내가 힘든 순간에 나 역시 상대방의 인정과 격려를 받을 가능성이 커진다. 조직 내에서 스스로에 대한 인정과 격려의 안전장치를 설정해 놓는 것이다. 세상에 완전무결한 인간은 없다. 날 지지해 줄 수 있는 사람이 필요하다면 내가 먼저 지지해 주어야 한다. (물론 정말 고마움을 모르거나, 마음을 전혀 열지 않는 사람에게까지 그런 선의의 행동을 지속할 필요는 없다. 다만, 개개인에 대한 확고한 판단이 서기전까지는 좋은 인간관계를 위한 행동의 시작은 내가 먼저 하자.)

5 일과 삶의 균형

일을 수행하다 보면 어느 순간 일에 나 자신이 매몰되어 있는 듯한 느낌이 들 때가 있다. 때로는 오랜 시간 업무에 매달렸지만 원하는 성과에 이르지 못해 괴로운 마음이 드는 순간도 존재한다. 원하는 성과에 도달했을 때에도 다시 무언가를 해야 한다는 압박감에 사로잡혀 있을 수도 있다. 그럴 때의 허무함이나 공허감, 피곤함, 쳇바퀴를 도는 것 같은 감정을 어떻게 조절할 수 있을까?

우선 일과 삶이 분리되어 있지 않다는 것과 어떤 사람도 계속해서 성과를 만들고 항상 승리의 기쁨만을 누릴 수 없다는 것을 명확히 깨달아야 한다. 정신적으로나 신체적으로 언제나 완전한 인간은 존재하지도, 존재할 수도 없다.

성공적인 인생을 살아가는 사람들은 일을 수행하는 과정과 본인이 노력하여 얻은 크고 작은 결과를 모두 중요하게 여기고, 거기에서 얻은 성취감을 통해 만족을 느낀다. 그리고 성과가 부족하다고 느껴지는 순간이 오면 자신이 그간 이루어 낸 그리고 가정과 삶을 통해 느끼고 있는 행복의 토대를 기억하며 불안한 마음을 이겨 낸다. 미래의 불확실성 때문에 고민하기보다는 행복과 만족의 근거를 스스로 일깨우며 긍정적인 마음을 유지하려고 애쓰는 것이다. 이러한 태도는 실패나 좌절의 경험부터 큰 성공의 경험까지

전부 자신의 삶을 더욱 풍성하게 해 주는 밑거름으로 인식하도록 도와주고, 다시 능동적으로 활동할 수 있도록 몸과 마음을 재충전 해 준다.

어느 특정 시점에는 일과 성과에 얽매여 있는 시간과 정신적 소모가 훨씬 클 수도 있겠지만, 그렇지 않은 시간에는 현재의 만족과 긍정적인 조건을 되새김으로써 행복감을 누리는 것이다. 이렇듯 도전의 시간과 행복감을 느끼는 시간이 번갈아 찾아올 수 있게 스스로의 사이클을 만드는 것이 두려움을 이기고 현재에 충실하게 해 주는 비결이다.

이러한 인식을 통해 마음의 사이클을 만들게 되면, 여러 감정이 오가는 일상 속에서 일과 삶의 균형, 긍정적인 감정과 태도를 지속해서 유지할 수 있게 된다. '도전과 만족, 열정과 휴식의 순환고리'가 형성되는 것이다. 그렇게 되면 순간순간에는 어느 한쪽에 치우쳐져 있더라도 반대쪽을 생각하며 균형을 잡을 수 있다.

'일과 삶'은 단기간에 끝나거나 결과가 나오는 스포츠 종목이 아니다. 끝이 없는 것 같이 긴 시간을 지나가는 과정이며, 그 과정 하나하나가 모두 우리의 삶이다. 삶을 원하는 모습으로 그려 나가면서도 일상의 행복감을 놓치지 않기 위해 도전과 만족의 긍정적인 순환고리를 만들어 가자.

7.

성공적인 커리어와
나의 삶을 위한 관점

1 하고자 하는 일을 위한 준비

성공적인 커리어를 위해서는 일단 현재의 일에 충실하고 성과를 쌓아 나가야 한다. 하지만 현재 하는 일이 내가 미래에 하기를 원하는 일이 아닐 수도 있고, 현재의 직장이 내가 지속해서 일하고 싶은 곳이 아닐 수도 있다. 그렇다면 내가 하고자 하는 일을, 하고 싶은 곳에서 하기 위한 준비가 반드시 필요하다.

그 준비는 어떻게 이루어져야 할까? 중요한 3가지 포인트가 있다.

첫 번째는 **우선 '내가 하고 싶은 일이 무엇인지'와 '어디에서 이 일을 하고 싶은지'를 명확히 하는 것이다.** 먼저 자신과 깊은 대화를 통해서 하고 싶은 일을 정확하게 찾는 것에서 출발해야 한다. 원하는 일이 무엇인지 쉽게 떠오르지 않는 경우도 많다. 그런 경우 현재의 일을 충실히 수행하면서 진지한 탐색의 시간을 가져야 한다.

하고 싶은 일의 탐색에는 현업에서의 수행 모습, 미래 발전 가능성, 기존 경력과의 연관성 및 활용 가능성, 롤 모델이 될 수 있는 개인이나 회사, 초기 도전에서의 경제적 수입, 동종 분야 전문 인력의 코멘트 등이 모두 포함된다. 현재의 업무와 장기적 커리어 성장 방향성이 마음에 들지만 회사(직장)가 문제라면, 하고 싶은 일에 대한 탐색과 마찬가지로 이직할 직장에 대한 구체적인 탐색의 시간이 필요하다.

두 번째는 **역량과 성과를 위한 준비이다.** 하고 싶은 일을 찾았다는 사실이 그 일을 잘 할 수 있다는 것을 의미하지는 않는다. 하고 싶은 일과 잘 할 수 있는 일 사이의 간극을 줄여 나가기 위한 활동이 필요한 것이다. 이런 활동은 일과 업무의 특성에 따라 다를 수밖에 없다. 전문성이나 자격증이 필요할 수도 있고 넓은 인맥이나 자금력이 필요할 수도 있다. 또는, 관계 분야의 특정 지식과 경험을 요구할 수도 있다. 하고 싶은 일에서 성공하기 위해서는 그 일에 필수적인 역량을 파악하고 최소한의 성공요건을 충족시키기 위한 준비가 필요하다.

마지막은 '**현실적이고 구체적인 준비 활동을 꾸준히 실행하는 것**'이다. 준비하려는 활동들을 정리하여 구체화한 리스트를 만들고 현재의 일상 속에서 지속해서 실행해 나가는 것을 말한다. 이를 위해 현재 하는 업무가 있다면 그 작업을 계속 수행하면서 미래를 위한 준비 활동을 병행할 필요가 있다.

이는 변화를 위한 현실적인 여건 마련과 새로운 도전의 초기 적응 단계에 큰 도움을 준다. 수입과 저축을 통한 경제적 안정감, 일상의 예측 가능성을 통한 준비 시간의 확보 등 심리적, 물리적으로 긍정적인 영향을 미치는 것이다.

매일의 다이어리 작성을 통해 본인의 노력과 목표를 구체적으로 확인해 나가는 것도 물론 큰 도움이 될 것이다. 이렇듯 별도의 노력과 자기희생을 통해 꾸준히 준비 활동을 전개하는 것은 내가 하고자 하는 일에서 성공할 가능성과 새로운 도전을 위한 자신감을 크게 증대시켜 줄 것이다.

　변화를 준비하는 과정은 당연히 매우 힘들 것이다. 고되고 힘들겠지만 하고자 하는 일을 위해 성실히 노력하고 있다면 이미 당신은 변화된 삶을 위한 목표를 50% 이상 달성한 것과 다름없다. '시작이 반'임을 명심하자!

"분명히 당신은 하고자 하는 일을 하면서

원하는 삶을 살게 될 것이다."

2 일하는 이유를 잊지 말 것

일을 하다 보면, 일 자체에 매몰되어 정신없이 하루가 지나가거나, 타성과 매너리즘에 빠져들어 매일매일 똑같은 반복이라는 느낌이 들 때가 있다. 그럴 때면 '내가 지금 여기서 무엇을 하고 있는가?'라는 의문이 들게 마련이고, 명확한 답을 스스로에게 주지 않는다면 인생의 답답함과 허무함으로 연결될 수 있다. 그런 순간이 올 때 '왜 우리가 일하는가?' 하는 근원적인 목적을 되새겨야 한다. 마음의 건강함과 활력을 일깨워야 나와 내 주변 사람들이 활기를 띨 수 있고 행복감을 느끼게 되기 때문이다.

일을 하는 이유는 다양할 것이다. 경제적 문제 해결, 커리어와 전문성 배양, 자신의 단련, 재미와 흥미, 사회적 지위 등등. 이 모든 것은 결국 세상 속에서 '자립(自立)'하기 위한 것이다.

자립이란, 스스로 행동을 통해 성취를 얻고 그 성취로 본인과 주변의 행복을 추구하는 것이다. 나와 함께하는 사람들의 행복과 가치의 공유가 없는 성취는 공허하기 쉽다. 성취를 추구하는 의미와 목적이 불분명하기 때문이다.

일에 매몰되어 있거나 지쳐 있다면 가족부터 돌아보는 시간을 갖자. 내 가족과 소중하게 생각하는 사람들에게 성의 있는 관심을 가지고, 함께 시간을 보내고, 애정을 표현하자. 그런 시간을 통해 내가 일을 하는 이유를 명확히 깨달을 수 있고 다시 매진할 수 있는 열정을 되살릴 수 있을 것이다.

높은 벽을 넘어가려 할수록 밑받침이 크고 단단해야 하며, 멀리 날아가려 할수록 정확한 목적지를 알아야만 한다. 마찬가지로 일을 지속해 나가고 더 발전하고 변화하려는 이유에는 가족을 포함한 소중한 사람들의 행복이 반드시 전제되어야 한다.

그런 마음은 세상 속에서 의지가 꺾이고 마음이 약해지는 순간이 올 때, 나를 지탱해 주고 다시 일어나 움직일 수 있는 원천이 되어 줄 것이다.

내가 일을 하는 이유가 무엇인지 천천히 생각해 보자. 그리고 한번 적어 보자.

8.

마지막 페이지

살아오면서 '**단련**(鍛鍊)'이라는 단어를 들어본 적이 있을 것이다.

어떤 이는 '단련'을 이렇게 정의했다. "천 일의 연습이 '단'이고, 만 일의 연습이 '련'이다."

무수한 연습을 통해, 의식하지 않아도 원하는 대로 움직일 수 있는 경지를 추구하는 것이다.

다이어리를 쓰고, 독서를 하고, 사람과 업무에 관심과 열정을 기울이는 것 모두가 일상 속의 단련이라 생각한다. 각자가 처한 환경에 적합한 자기만의 단련을 통해, 우리의 하루하루가 긍정적인 변화와 성장으로 가득하길 진심으로 기원한다.

단련을 통해 나의 인생을 고양하고

내가 원하는 삶으로 멈추지 않고

전진해 나갈 것이다.

Excelsior!

+

에필로그

내가 그 선생님을 만난 것은 고등학교 3학년 여름방학, 노량진 한샘학원의 영어 단과반에서였다. 나는 고1 때 이미 영어에서 손을 놓았고 실력은 형편없었다. 중학교 때는 영어를 어렵다고 느낀 적이 없었고 벼락치기로도 학교 시험을 괜찮게 볼 수 있었지만, 고등학교 때 한 단계 어려워진 영어는 나에게 넘을 수 없는 장벽이었다. 그래서 더욱 관심도 흥미도 없었을 것이다. 그런 시기에 만난 단과반 선생님은 약 100여 명의 학생을 앞에 두고 열정적으로 영어를 강의하는 40대 후반 정도의 안경을 쓰고 마른 체형의 남자분이었다. 그때도 한 달의 수강 기간 중 딱 1주일만 나가고, 나머지는 소위 '제꼈지만' 말이다.

선생님은 내가 수업에 참석한 1주일간 영어 독해나 문법 등이 아니라, 영어를 어렵지 않게 접근할 수 있는 '공부 방법'만을 아주 열정적으로 소개해 주셨다. 당시 선생님께서 알려 주신 방법은 빨간색으로 된 표지의 영어 동화책, 소위 '빨간 책'(클로버 한 개부터 별 세 개까지 난이도가 구분된)을 매일 원문으로 2~3장씩 읽는 것이었다. 거기서 그치는 것이 아니라 모르는 단어가 나오면 문장과 함께 조그만 수첩에 적어서 아침저녁으로 2번씩 일주일간 다시 보도록 했다. 그러면 적어도 7일 동안 동화책 안에 있는 모르는 문장과 단어를 14번 정도 읽을 수 있었다. 영어 포기자에 가까웠던 나는 삼수하는 내내 지푸라기라도 잡는 심정으로 그 방법을 따라 했고 결국, 영어 만점이라는 기적을 경험했다. 어떻게 그런 일이 가능했을까? 아마도 매일매일 규칙적으로 쓰고 읽는 활동이 기억력을 증진하고 독해 능력을 높여 주었을 것이다.

하지만 내가 여기서 말하고자 하는 것은 반복 활동의 중요성이나 나의 알량한 성과가 아닌, 마음의 깊은 울림이 시작된 순간과 그 깨달음이다.

선생님은 공부 방법을 소개하면서, 선생님에게 편지를 보낸, 6개월 시한부 선고를 받은 여학생의 얘기를 해 주었다. 그 학생은 편지에서 "선생님이 알려 준 방법 덕분에 영어에 재미를 느끼게 되었고, 공부를 많이 해서 영어로 된 책을 더 많이 읽고 싶다. 내게 영어 공부가 얼마나 쉽고 재미있는지 알려 주셔서 감사하다. 남아 있는 시간이 얼마가 될지 모르고 내일 죽음이 찾아올 수도 있지만, 생의 끝이 내일이라 해도 알려 주신 방법대로 공부할 것이다."라고 적었다고 한다. 그런 마음이 적혀 있는 편지를 받았기에 선생님도 열정을 다해 강의할 수밖에 없다고 했다.

이 얘기가 선생님의 말을 신뢰하고 알려 주신 공부법을 따라 하게 된 계기가 되긴 했지만, 당시에는 정확히 무슨 의미가 있는 것인지 깊이 생각해 본 적도 구체적으로 표현할 수도 없었다.

40대 중반이 된 지금에 이르러서야 '인간의 삶은 마음가짐과 태도에서 비롯됨을 자각하게 되었고, 거기에 우리를 움직일 수 있는 에너지와 인간으로서의 품격이 존재함'을 깨닫게 되었다. 마음의 울림과 감동은 한 인간이 지닌 진실한 마음의 깊은 품격에서 나오는 것이다.

나 역시 지금껏 세상을 살아오면서 무수한 방황과 고민, 선택과 실수, 후회와 좌절을 경험했다. 하지만 걸어가야 할 길을 포기하지 않고 행동에 옮기려 한다. 그게 내가 이 책을 쓴 이유이며 책을 읽는 여러분의 마음 또한 마찬가지일 것이리라 생각한다.

다이어리 하나가, 다이어리에 목표와 업무를 적는 작은 활동이 소망하는 무언가를 갑자기 눈앞에 가져다줄 순 없다. 그런 작은 노력을 지속해서 수행해 나가는 것도 생각보다 어려운 일일 수도 있다.

하지만 여러분은 현실적인 어려움과 여러 부족함이 있음에도 변화를 위한 행동을 선택한 사람들이다. 그 마음에 진심으로 경의를 표한다.

부족하지만 조금씩 나아가는 그 길에 나도 함께할 것이다. 우리는 외롭지 않다.

감사의 말
Thanks to

내 삶의 원동력이 되어 주는 사랑하는 가족들, 내 인생을 항상 응원해 준 친구들과 좋은 동료, 동기들, 사회생활에서 위로와 격려가 된 선배님들과 후배들, 업무적인 관계로 만났지만 귀한 조언과 생각을 나누어 준 인생의 파트너들, 한 번도 만난 적은 없지만 삶의 방향성과 깨우침을 전해 준 모든 책의 저자들 그리고 하나님께 깊이 감사드립니다.

품고 있던 마음속의 말을 책으로 펴낼 수 있게 해 준 출판사와 한 권의 책이 나오기까지 교정, 편집, 인쇄, 홍보 작업 등 보이지 않는 곳에서 노력해 주신 직원들께도 감사드립니다.

특히, 인생을 용기 있고 적극적으로 살아갈 수 있도록 큰 영감과 가르침을 선물해 준 책의 저자들 나폴레온 힐(『Think and Grow Rich』), 앤디 앤드루스(『폰더 씨의 위대한 하루』), 할 엘로드(『미라클 모닝』)에게 특별한 감사를 전합니다. 이 책을 보고 긍정적인 마음이 들었다면 위에서 소개한 저자들의 책을 꼭 읽어 보시기 바랍니다. 제가 드린 것보다 더 많은 지혜와 위로, 용기를 얻을 수 있을 거라 확신합니다.

마지막으로 이 책을 읽어 주신 여러분께 진심으로 감사드립니다. 이 책이 여러분의 변화와 성장에 작지만 꼭 필요한 도움이 되길 바랍니다. 그리고 기회가 된다면 여러분의 깨달음을 주변에 필요한 사람들에게 꼭 나누어 주시길 부탁드립니다.

2021년 여름
헤드헌터 민

MY CAREER DIARY

입문용

나의 다짐

아침과 저녁, 하루에 2번씩 소리 내어 말하자!

나는 내 영혼의 주인이며, 내 인생의 선장이다! 이름: ○ ○ ○ (서명)

- --

- --

- --

- --

- --

명심하라. 이 세상 무엇도 끈기를 대신할 수는 없다.
오직 끈기와 의지가 있어야 무슨 일이든 이룰 수 있는 법이다.

· 해야 할 일   ○ 완료한 일 (⊙)   △ 미진한 부분이 있는 일 (△)

My Career Date   .   .   .

✓ 나는 작고 하찮은 길에도 성의를 다할 것이다.

My Career Date   .   .   .

✓

My Career Date   .   .   .

✓

My Career Date   .   .   .

✓

My Career Date   .   .   .

✓

명심하라. 이 세상 무엇도 끈기를 대신할 수는 없다.
오직 끈기와 의지가 있어야 무슨 일이든 이룰 수 있는 법이다.

・ 해야 할 일　　　O 완료한 일 (⊙)　　　△ 미진한 부분이 있는 일 (△)

My Career Date　　　　.　　　.　　　.

✓

My Career Date　　　　.　　　.　　　.

✓

My Career Date   .   .   .

✓

My Career Date   .   .   .

✓

My Career Date   .   .   .

✓

명심하라. 이 세상 무엇도 끈기를 대신할 수는 없다.
오직 끈기와 의지가 있어야 무슨 일이든 이룰 수 있는 법이다.

· 해야 할 일   ○ 완료한 일 (⊙)   △ 미진한 부분이 있는 일 (△)

My Career Date   .   .   .

✓

My Career Date   .   .   .

✓

My Career Date   .   .   .

✓

My Career Date   .   .   .

✓

My Career Date   .   .   .

✓

명심하라. 이 세상 무엇도 끈기를 대신할 수는 없다.
오직 끈기와 의지가 있어야 무슨 일이든 이룰 수 있는 법이다.

· 해야 할 일   ○ 완료한 일 (⊙)   △ 미진한 부분이 있는 일 (△)

My Career Date   .   .   .

✓

My Career Date   .   .   .

✓

My Career Date　　　　.　　　.　　　.

✓

My Career Date　　　　.　　　.　　　.

✓

My Career Date　　　　.　　　.　　　.

✓

나는 행동하는 사람이다.

행동의 가치는 그 행동을 끝까지 이루는 데 있다.

- 해야 할 일　　○ 완료한 일(⊙)　　△ 미진한 부분이 있는 일(△)

My Career Date　　　.　　　.　　　.

✓

My Career Date　　　.　　　.　　　.

✓

My Career Date   .   .   .

✓

My Career Date   .   .   .

✓

My Career Date   .   .   .

✓

나는 행동하는 사람이다.
행동의 가치는 그 행동을 끝까지 이루는 데 있다.

- 해야 할 일   O 완료한 일 (⊙)   △ 미진한 부분이 있는 일 (△)

My Career Date   .   .   .

✓

_____

_____

_____

_____

_____

My Career Date   .   .   .

✓

_____

_____

_____

_____

_____

My Career Date   .   .   .

✓

My Career Date   .   .   .

✓

My Career Date   .   .   .

✓

나는 행동하는 사람이다.
행동의 가치는 그 행동을 끝까지 이루는 데 있다.

· 해야 할 일   ○ 완료한 일 (⊙)   △ 미진한 부분이 있는 일 (△)

My Career Date   .   .   .

✓

My Career Date   .   .   .

✓

My Career Date   .   .   .

✓

My Career Date   .   .   .

✓

My Career Date   .   .   .

✓

나는 행동하는 사람이다.
행동의 가치는 그 행동을 끝까지 이루는 데 있다.

· 해야 할 일   ○ 완료한 일 (⊙)   △ 미진한 부분이 있는 일 (△)

My Career Date   .   .   .

✓

My Career Date   .   .   .

✓

My Career Date　　　.　　　.　　　.

✓

My Career Date　　　.　　　.　　　.

✓

My Career Date　　　.　　　.　　　.

✓

나 외에는 어떤 누구도 자신이 무엇을 할 수 있는지 알지 못하고,
실제로 시도해 보기 전까지는 나 자신도 모른다.

My Career Date   .   .   .

✓

My Career Date   .   .   .

✓

My Career Date   .   .   .

✓

My Career Date   .   .   .

✓

My Career Date   .   .   .

✓

나 외에는 어떤 누구도 자신이 무엇을 할 수 있는지 알지 못하고,
실제로 시도해 보기 전까지는 나 자신도 모른다.

・ 해야 할 일   O 완료한 일 (⊙)   △ 미진한 부분이 있는 일 (△)

My Career Date   .   .   .

✓

My Career Date   .   .   .

✓

My Career Date   .   .   .

✓

My Career Date   .   .   .

✓

My Career Date   .   .   .

✓

나 외에는 어떤 누구도 자신이 무엇을 할 수 있는지 알지 못하고,
실제로 시도해 보기 전까지는 나 자신도 모른다.

· 해야 할 일　　○ 완료한 일(⊙)　　△ 미진한 부분이 있는 일(△)

My Career Date　　　.　　.　　.
✓

My Career Date　　　.　　.　　.
✓

My Career Date   .   .   .

✓

My Career Date   .   .   .

✓

My Career Date   .   .   .

✓

나 외에는 어떤 누구도 자신이 무엇을 할 수 있는지 알지 못하고,
실제로 시도해 보기 전까지는 나 자신도 모른다.

· 해야 할 일   ○ 완료한 일(⊙)   △ 미진한 부분이 있는 일(△)

My Career Date   .   .   .

✓

My Career Date   .   .   .

✓

My Career Date   .   .   .

✓

My Career Date   .   .   .

✓

My Career Date   .   .   .

✓

> 포기하지 마라. 절대로! 아무리 하찮은 일이라도 명예와 현명한
> 판단에 의한 것이 아니면 절대로 포기하지 마라. 절대로! 절대로!

· 해야 할 일   ○ 완료한 일 (⊙)   △ 미진한 부분이 있는 일 (△)

My Career Date   .   .   .

✓

My Career Date   .   .   .

✓

My Career Date   .   .   .

✓

My Career Date   .   .   .

✓

My Career Date   .   .   .

✓

포기하지 마라. 절대로! 아무리 하찮은 일이라도 명예와 현명한
판단에 의한 것이 아니면 절대로 포기하지 마라. 절대로! 절대로!

· 해야 할 일　　 ○ 완료한 일 (⊙)　　 △ 미진한 부분이 있는 일 (△)

My Career Date　　　　.　　　.　　　.

✓

My Career Date　　　　.　　　.　　　.

✓

My Career Date   .   .   .

✓

My Career Date   .   .   .

✓

My Career Date   .   .   .

✓

포기하지 마라. 절대로! 아무리 하찮은 일이라도 명예와 현명한
판단에 의한 것이 아니면 절대로 포기하지 마라. 절대로! 절대로!

· 해야 할 일   ○ 완료한 일 (⊙)   △ 미진한 부분이 있는 일 (△)

My Career Date   .   .   .

✓

My Career Date   .   .   .

✓

My Career Date   .   .   .

✓

My Career Date   .   .   .

✓

My Career Date   .   .   .

✓

포기하지 마라. 절대로! 아무리 하찮은 일이라도 명예와 현명한 판단에 의한 것이 아니면 절대로 포기하지 마라. 절대로! 절대로!

· 해야 할 일　　○ 완료한 일 (⊙)　　△ 미진한 부분이 있는 일 (△)

My Career Date　　　.　　.　　.

✔

My Career Date　　　.　　.　　.

✔

My Career Date . . .

✓

My Career Date . . .

✓

My Career Date . . .

✓

재능이 아니라 '태도'가 인생을 좌우한다.

두려움은 용기 있는 행동을 반복함으로써 극복할 수 있다.

· 해야 할 일   ○ 완료한 일 (⊙)   △ 미진한 부분이 있는 일 (△)

My Career Date   .   .   .

✓

My Career Date   .   .   .

✓

My Career Date   .   .   .

✓

My Career Date   .   .   .

✓

My Career Date   .   .   .

✓

재능이 아니라 '태도'가 인생을 좌우한다.

두려움은 용기 있는 행동을 반복함으로써 극복할 수 있다.

· 해야 할 일   ○ 완료한 일 (⊙)   △ 미진한 부분이 있는 일 (△)

My Career Date   .   .   .

✔

My Career Date   .   .   .

✔

My Career Date   .   .   .

✓

My Career Date   .   .   .

✓

My Career Date   .   .   .

✓

여백의 장

마음에 깊은 감동과 울림을 준 글과 격언,
본인의 변화나 미래에 대한 중요한 생각,
갑자기 번뜩인 아이디어,
더 확장하고 싶은 계획 등을 자유롭게 적고,
힘과 위로가 필요한 순간마다 열어서
다시 읽어 보자.

여백은 나를 채우기 위한 것이다.

여백의 장

여백의 장

여백의 장

여백의 장

중단하는 자는
결코 승리를 얻지 못한다.

반면에 승리자는
결코 중단하는 일이 없다!

나의 커리어 다이어리

1판 1쇄 발행 2021년 8월 2일

지은이 최정민

www.ylcareer.co.kr

교정 윤혜원
편집 조다영

펴낸곳 하움출판사
펴낸이 문현광

주소 전라북도 군산시 수송로 315 하움출판사
이메일 haum1000@naver.com   홈페이지 haum.kr

ISBN 979-11-6440-809-2 (03190)

좋은 책을 만들겠습니다.
하움출판사는 독자 여러분의 의견에 항상 귀 기울이고 있습니다.